I0159482

Vivir es servir

Felipe Lewis

Ediciones Crecimiento Cristiano

Diseño de tapa: Ruth Santacruz
Córdoba 419
5903 Villa Nueva, Cba.
Argentina
oficina@edicionescc.com
www.edicionescc.com

Ediciones Crecimiento Cristiano
es una Asociación Civil sin fines de lucro
que se dedica a la enseñanza del
mensaje evangélico por medio de la literatura.

Primera edición: 11/86
Reimpresión: 10/05

I.S.B.N. 950-9596-36-1

Impreso en los talleres de Ediciones Crecimiento Cristiano Octubre de 2006

IMPRESO EN ARGENTINA   **VC3**

Introducción

El Nuevo Testamento describe la iglesia como un cuerpo donde cada miembro tiene un don, un ministerio o servicio (1 Corintios 12:4-6) que debe ejercer para edificación de la iglesia (1 Corintios 14:26; Efesios 4:12,13,16).

Los siete estudios que se encuentran a continuación exploran distintas esferas de servicio práctico.

El estudio emplea la versión Reina-Valera de la Biblia, aunque aconsejamos que tenga otra versión disponible para hacer comparaciones.

INDICE DE TEMAS

Estudio	Página	Tema
1	4	Evangelización
2	7	Profecía-Enseñanza
3	13	Exhortación
4	17	Servicio
5	22	Los que ayudan
6	30	Música
7	36	El que preside
	41	Cómo utilizar este material

1

Evangelización

Y *él mismo* (Cristo) constituyó... evangelistas
Efesios 4:11

Para estudiar este aspecto del servicio, debemos examinar tres palabras afines: *Evangelio, evangelizar, evangelista.*

La palabra *evangelio* es la representación castellana de la palabra griega **euangelion**, que a su vez proviene de dos palabras, **eu** (bueno) y **angellia** (anuncio o mensaje). Evangelio es, entonces, un buen mensaje o buena noticia.

1/ Procure definir el Evangelio:

♦ en cuanto a su contenido (1 Corintios 15:1-4).

♦ en cuanto a su acción (Romanos 1:15-17).

La palabra *evangelizar* no aparece en la traducción Reina-Valera de la Biblia. Sin embargo, el verbo griego correspondiente, **euangelizo**, aparece 54 veces en el Nuevo Testamento. Generalmente se traduce como "dar (anunciar) buenas nuevas", "anunciar", "predicar", "anunciar (predicar) el evangelio".

La palabra *evangelista* sólo aparece 3 veces en el Nuevo Testamento (Hechos 21:8; 2 Timoteo 4:5; Efesios 4:11). El primer pasaje habla de Felipe el evangelista; Hechos 8 nos ayuda a ver por qué se le dio esta designación a Felipe (ver los vv. 8:35,40).

2/ ¿Qué características de un buen evangelista se manifiestan en el encuentro entre Felipe y el eunuco etíope (vv. 26-39)?

3/ Ver Mateo 28:18-20.

◆ ¿Qué fin persigue la evangelización según este pasaje?

◆ ¿Cuáles son los pasos que debemos dar para lograr ese fin?

◆ ¿Hasta dónde se extiende nuestra responsabilidad evangelizadora? (ver también Marcos 16:15,16; Hechos 1:8)

4/ En el cumplimiento de su tarea evangelizadora, ¿cuál era la prioridad del apóstol Pablo (Romanos 15:20,21)?

5/ En cuanto a su iglesia,

 ◆ ¿Cuáles son los medios que está empleando para evangelizar?

 ◆ ¿Qué proporción de los miembros de la iglesia está involucrada en la tarea evangelizadora?

6/ ¿Qué está haciendo su iglesia para llevar el Evangelio hasta lo último de la tierra?

2
Profecía - Enseñanza

Si el de profecía, úsese conforme a la medida de fe,
...el que enseña, en la enseñanza.

Romanos 12:6,7

Puso Dios en la iglesia... profetas... maestros...

1 Corintios 12:28

Aunque estos dos ministerios son claramente diferenciables, ambos tienen que ver con la transmisión verbal de la verdad revelada de Dios; frecuentemente van asociados y comparten fines comunes. Por eso hemos de considerarlos juntos en este estudio.

profecía

A menudo asociamos el ministerio profético con la predicción del futuro. Aunque esto forma parte de muchas profecías, el elemento esencial no es la predicción sin la proclamación. La palabra "profeta" tiene su origen en dos palabras griegas, *pro* (delante) y *fanien* (hablar), o sea, hablar delante (o en lugar) de otro. La Versión Popular traduce *profecía* como "el don de comunicar mensajes de parte de Dios".

Profecía bíblica siempre incluye cuatro elementos:

- Dios, quien da origen al mensaje profético;
- el mensaje en si;
- el profeta, que actúa como transmisor del mensaje;
- el receptor del mensaje, que puede ser un individuo, un grupo de personas o naciones enteras.

1/ La profecía en el tiempo del Antiguo Testamento tuvo varios fines. Note el motivo de la profecía en estos ejemplos del pRofeta Oseas:

   ◆ Oseas 4:1

   ◆ Oseas 2:19

   ◆ Oseas 4:6

   ◆ Oseas 6:3, 6

En resumen, un profeta es alguien que, en circunstancias históricas específicas recibe un mensaje de Dios y lo transmite a una persona o a un grupo de personas.

El profeta en los tiempos del Antiguo Testamento habló de parte de Dios, y con alta autoridad. Por esta razón, las Escrituras son muy exigentes con ellos.

2/ Note, por ejemplo Deuteronomio 13:1-5 y Deuteronomio 18:20-22.

♦ ¿Cómo sabían si un profeta era verdadero o no?

♦ ¿Qué tenían que hacer en el caso de un profeta falso?

El profeta del Antiguo Testamento habló de parte de Dios. Tenía la "palabra" de Dios. Pero la profecía en el Nuevo Testamento tiene otro carácter. Es un tema amplio, pero podemos señar algunos aspectos básicos.

3/ Según los siguieNtes pasajes, ¿con qué fines se ejerce ahora el ministerio de profecía? (Hechos 15:32; 1 Corintios 14:3,31)

4/ En base a 1 Corintios 14:29-33, ¿qué diferencia se nota en cuanto a la *autoridad* del profeta y cómo debemos recibir su mensaje?

Enseñanza

Al estudiar este tema debemos considerar varios vocablos que son algo distinto en castellano, pero que traducen palabras afines del idioma original: maestro o doctor (griego: **didáskalos**); enseñanza o doctrina (griego: **didaskalía**, **didaque**); enseñar (griego: **didasko**). Aunque para el griego y para educadores modernos, "enseñanza" tenga que ver sobre todo con la transmisión de conocimiento, y el desarrollo de la capacidad del alumno, el énfasis bíblico es otro.

5/ ¿Cuál es el principal fin de la enseñanza desde el punto de vista bíblico según Deuteronomio 6:1,2; Salmo 86:11 y 143:10; 2 Timoteo 3:16,17?

En el Nuevo Testamento el Maestro por excelencia es nuestro Señor Jesucristo (de las 59 veces que encontramos la palabra "maestro", 41 están referidas al Señor).

6/ ¿Qué métodos de enseñanza empleó el Señor con sus discípulos? (Ver, por ej. Marcos 3:14; Marcos 4:2; Mateo 5:1,2; Mateo 16:13-15; Juan 13:13-16)

7/ ¿Cuál es la fuente de nuestra enseñanza y el instrumento que debemos emplear según Mateo 28:20; 2 Timoteo 2:15 y 3:16,17; Hechos 15:35, 18:11, 20:20,27 y 1 Timoteo 6:3?

La palabra **didaktikos** (apto para enseñar) sólo aparece dos veces en el N.T.: en 1 Timoteo 3:2 (como requisito del anciano, u obispo) y en 2 Timoteo 2:24 (referido al siervo del Señor).

8/ Según 2 Timoteo 2:24,25, ¿cuáles son otras cualidades que van asociadas con la aptitud para enseñar?

9/ Las Escrituras también advierten a los que pretenden ser maestros.
  ♦ ¿Qué advertencia hace Santiago a los maestros en 3:1,2?

  ♦ ¿Qué otro peligro corren los maestros según 2 Timoteo 4:3,4?

10/ ¿Qué objetivo persigue la obra de los profetas y de los pastores/maestros dentro de la iglesia? (Efesios 4:11-13) Notar cuidadosamente quienes realizan la obra del "ministerio" y la "edificación del cuerpo".

11/ En cuanto a la iglesia,

- ¿En qué medida se ven cambios en las vidas de los miembros de la iglesia como resultado del ministerio de profecía-enseñanza?

- ¿Qué habría que modificar para que este miniSterio fuera más eficaz?

PARA REFLEXION INDIVIDUAL

- ¿Soy ejemplo de lo que proclamo?
- ¿Concuerda lo que digo con la enseñanza clara de la Palabra de Dios?
- ¿Poseo las cualidades personales que hacen que sea "apto para enseñar" (Timoteo 2:24)?
- ¿Lo que transmito, produce cambios en la vida de los que me escuchan?
- ¿Se están produciendo cambios en mi vida a raíz de lo que escucho y aprendo?

3

Exhortación

... el que exhorta, en la exhortación, el que haya recibido el don de animar a otros, que se dedique a animarlos.

Romanos 12:8 (V.P.)

El verbo "exhortar" (**parakaleo**), y el sustantivo "exhortación" (**paraklesis**) que Pablo emplea aquí, encierran una gama muy amplia de significados.

1/ Las mismas palabras se emplean, con otra traducción, en los siguientes pasajes. Busque y anote las distintas palabras empleadas:

◆ Romanos 12:1a (el primer verbo del versículo)

◆ 2 Corintios 1:4

◆ Colosenses 4:8 (el último verbo)

◆ 1 Tesalonicenses 4:18

◆ 1 Tesalonicenses 5:11

◆ 1 P 5:12

La palabra en sí misma se compone de dos palabras que significan "ser llamado a la par", es decir, ponerse al lado de otro para llevar a cabo una tarea.

2/ Procurando tomar en cuenta todos estos aspectos, defina el sentido de la palabra que se traduce por "exhortar".

En el resto del estudio usaremos la palabra "exhortación" entre comillas, para recalcar el amplio sentido que tiene la palabra en la usanza bíblica.

3/ A la luz de los siguientes pasajes, ¿en qué situaciones que no tienen que ver con pecado, es aplicable el ministerio de "exhortación"? Hechos 15:24-31; Hechos 27:33-36; Efesios 6:21, 22; 1 Tesalonicenses 3:5-7.

4/ En los pasajes que se encuentran a continuación ¿qué principios se enuncian que tienen importancia para realizar correctamente la tarea de "exhortación"?

 ◆ Santiago 1:19 con Proverbios 18:13

 ◆ Mateo 7:1-5

♦ Gálatas 6:1

♦ 1 Timoteo 4:12

♦ 2 Timoteo 4:2

5/ A la luz de los ejemplos de "exhortación" que hemos visto, ¿qué oportunidades existen en nuestra iglesia para ejercer este ministerio?

6/ ¿Qué podemos hacer para que este ministerio sea más eficaz en nuestra iglesia?

4
Servicio

...si de servicio, en servir...
Romanos 12:7
***...si alguno ministra, ministre conforme al poder que
Dios da...***
1 Pedro 4:11

El tema general de esta serie de estudios es el servicio que nos prestamos mutuamente dentro de la iglesia. Este servicio se presta a través del ejercicio de nuestros diversos dones. En este estudio queremos limitarnos a aquellas tareas que tienen que ver con la administración y los bienes materiales de la iglesia.

Los dos pasajes citados al comienzo del estudio emplean el verbo griego **diaconeo** que significa "servir" y que se utilizaba sobre todo para describir la realización de quehaceres domésticos y servicio de mesas. Como veremos, el Nuevo Testamento emplea este término en un sentido mucho más amplio.

1/ ¿Qué actitud caracterizó la relación de Jesús con sus discípulos y que es también requisito indispensable para todo aquel que quiere distinguirse como seguidor de Jesús? (Ver Mateo 20:26-28; Lucas 22:24-27)

2/ Ver Lucas 16:10-12.

   ♦ ¿Qué principio fundamental establece el Señor Jesús en estos versículos?

   ♦ ¿Qué aplicación tiene al tema de nuestro servicio a otros? (Ver también 1 Timoteo 3:13)

3/ Ver Hechos 6:3.

   ♦ ¿Qué requisitos deberían reunir aquellos que iban a servir a las mesas?

   ♦ ¿Qué implica esto en cuanto a la importancia que tienen estas tareas a los ojos del Señor?

4/ En 2 Corintios 8:16-23 Pablo habla de la designación de Tito y de otros dos hermanos (vv. 18 y 22) nombrados por la iglesia de Grecia para llevar la ofrenda destinada a los creyentes pobres de Jerusalén.

♦ ¿Qué cualidades de estos tres hermanos se destacan en estos versículos?

♦ ¿Qué principios enseña Pablo en cuanto al manejo de fondos?

5/ Según 1 Pedro 4:10,11,

♦ ¿cuál es la fuente de energía para nuestro servicio?

♦ ¿cuál es el objetivo final del servicio?

6/ Haga una lista de las tareas específicas que tienen que ver con la administración y mantenimiento de las cosas materiales en su Iglesia. (No olvidar tareas como limpieza, servicio de te, biblioteca, provisión de literatura, primeros auxilios, etc.)

7/ Teniendo en cuenta los ejemplos de servicio que hemos visto y otros que son necesarios en nuestros días, ¿qué áreas necesitan mas atención en su Iglesia?

8/ ¿Qué tareas esta realizando usted. habitualmente?

9/ ¿Qué puede hacer para que otros se interesen en estas tareas y participen en su realización?

10/ ¿Se fijó en el título de este cuaderno?

◆ ¿Qué significa para usted. "Vivir es servir"?

◆ Habíamos pensado ponerle "Servir es vivir". ¿Sería un título más apropiado? ¿Por qué?

5

Los que ayudan

...puso Dios en la iglesia... los que ayudan...
1 Corintios 12:28
El que hace misericordia, con alegría. El que ayuda a los necesitados, con alegría.
Romanos 12:8 (V.P.)

Las palabras "Los que ayudan" traduce una palabra griega **antilempseis** que sólo se utiliza en este versículo. El verbo correspondiente aparece en Lucas 1:54: "socorrió", y Hechos 20:35 "ayudar".

La expresión "el que hace misericordia" es la traducción castellana de la palabra griega **eleao**, que se utiliza 31 veces en el Nuevo Testamento.

La diferencia entre el sustantivo **eleos**, que se traduce "misericordia", y nuestra palabra **eleao**, es que ésta expresa la fusión de misericordia con un verbo (hacer, tener, alcanzar, recibir), que transforma el sustantivo abstracto "misericordia" en una misericordia aplicada, un ejercicio. "**eleao** *es la misericordia en acción*".

De las 58 veces que el Nuevo Testamento emplea la palabra **eleao**, o el sustantivo **eleos**, 49 se refieren a la acción de Dios y del Señor Jesucristo. El creyente es, ante todo, uno que ha *alcanzado misericordia*. La parábola de Mateo 18:21-35 nos recuerda que esa misericordia tiene que ver con el perdón que hemos recibido, y nos recuerda la ineludible obligación de todo creyente de perdonar como hemos sido perdonados.

1/ Otra parábola que nos acerca más al ministerio de hacer misericordia, se encuentra en Lucas 10:25-37.

 ♦ ¿A qué pregunta del intérprete de la Ley responde el Señor mediante esta parábola? (O sea, ¿qué intenta enseñar esta parábola?)

 ♦ ¿Qué expresiones prácticas tuvo el "sentimiento de misericordia" del v. 33?

 ♦ ¿Qué le costó al Samaritano ejercer la misericordia?

 ♦ ¿Qué enseña esta parábola en cuanto a la obligación de todo creyente hacia su prójimo? (Ver Romanos 13:8 y 1 Juan 3:16-18)

2/ Resuma lo visto hasta aquí, recordando los dos sentidos principales del verbo **eleao** (hacer misEricordia), ilustrados por las dos parábolas citadas.

3/ Los pasajes del cuadro contienen ejemplos de ayuda práctica dentro de la iglesia, o exhortaciones a ejercer este servicio. En cada caso note: a) quién brinda la ayuda, b) en qué consiste la ayuda, c) a quién o quiénes se brinda ayuda. Conviene ver estos pasajes en otras versiones de la Biblia, no solamente la Reina Valera, especialmente 1 Timoteo 5:3.

Cita	¿Quién brinda la ayuda?	¿En qué consiste la ayuda?	¿A quién o a quiénes?
Hechos 2:44, 45; 4:34, 35			
Hechos 6:1, 2			
Hechos 9:36-39			
Hechos 20:34, 35; Efesios 4:28			

2 Timo-teo 1:16-18			
Hebreos 13:2 1 Pedro 4.9, 10			
Hebreos 13:3			
Hebreos 13:16			
Romanos 12:13			
Romanos 16:2			
Gálatas 6:2, 9 y 10			
1 Timo-teo 5:3, 16 (ver nota)			
Santiago 1:27			

3 Juan 5-8			

Nota: Note la responsabilidad de la iglesia. ¿Qué significa "honor" en este pasaje? Compárense con el v. 17.

4/ En Mateo 25:31-40,
   • ¿qué formas de ayuda práctica se mencionan?

   • ¿Qué es lo que da importancia y valor a estos actos de servicio?

5/ En base a los pasajes vistos en las dos preguntas anteriores, ¿qué grupos de personas necesitadas merecieron la especial atención de la iglesia primitiva?

6/ Según Romanos 12:8,

    ♦ ¿Qué debe caracterizar el ministerio de hacer misericordia?

    ♦ ¿Por qué es importante esta actitud?

7/ Según Santiago 3:17,

    ♦ ¿Qué otras cualidades van asociadas con la misericordia?

    ♦ ¿Qué importancia tienen en el ejercicio de este ministerio?

8/ En cuanto a su iglesia,

 ♦ Haga una lista de los ministerios de ayuda que está realizando en la actualidad.

 ♦ ¿Cómo podrían mejorarse estos servicios?

9/ De la misma manera,

 ♦ Haga una lista de otros ministerios de ayuda que podrían
 brindar nuestra iglesia que no se están llevando a cabo re-
 gularmente.

◆ ¿Qué debemos hacer para implementarlos?

PARA REFLEXION PERSONAL

10/¿Estaría usted dispuesto a ser responsable, encargado o colaborador de algunos de estos servicios propuestos?

6

Música

...David puso sobre el servicio de canto en la casa de Jehová...

1 Crónicas 6:31

L a Biblia da a entender que la música cumple dos funciones básicas en la vida del pueblo de Dios: la función devocional (dirigida hacia Dios), y la función profética (dirigida hacia otros).

1/ En los siguientes ejemplos de canciones devocionales, ¿qué expresa el salmista?

◆ Salmo 8:1

◆ Salmo 9:1,2

◆ Salmo 18:1

Busque Salmo 27:6. Según las reglas de la poesía hebrea (paralelismo) este versículo implica que la música era parte del sacrificio que David hizo.

2/ ¿Cómo debería afectar esa realidad (la música puede ser un sacrificio) a nuestro uso de la música?

3/ Lea Efesios 5:18,19. ¿Qué relación hay entre el imperativo del v. 18b y la actividad que Pablo describe en el v. 19?

En 1 Crónicas 25:1 vemos la segunda función que la música cumple en la vida del pueblo de Dios. En este pasaje, profetizar significa comunicar al pueblo un mensaje de Dios o una verdad bíblica.

4/ El ministerio de la música en el culto tiene varias expresiones. En los pasajes enumerados a continuación, note quién o quiénes ejercían este servicio y la función específica que cumplían:
  ♦ 1 Crónicas 15:22

  ♦ 1 Crónicas 25:1 y 7

♦ 1 Crónicas 25:5 y 6

♦ 2 Crónicas 5:12

♦ Esdras 3:10

♦ Nehemías 12:31, 40-42 y 46

5/ ¿Cómo enseña la Biblia que debe ser el canto del creyente?
♦ Salmo 33:3

♦ Salmo 81:1

* Salmo 47:6,7 con 1 Corintios 14:15

* Salmo 57:7

* Salmo 66:2

* Salmo 27:6

6/ Haga una lista de los instrumentos usados por el pueblo de Dios en la alabanza. Ver Salmo 150 y 2 Crónicas 5:12.

7/ Analice lo que se está haciendo con respecto a música y canto en su iglesia.
* ¿Qué puntos fuertes observa?

♦ ¿Qué deficiencias?

♦ ¿Sabe alabar la congregación?

♦ ¿Canta con entendimiento?

♦ ¿Conoce bien la música de los himnos que se cantan?

♦ ¿Son claras nuestras canciones?

♦ ¿Expresan verdades que tienen fundamento bíblico?

8/ Sugiera al grupo algunas formas de mejorar el canto congregacional.

9/ ¿Se da a la música y al canto la importancia que Dios le da en el culto de la Iglesia? ¿Qué opina usted de aquel comentario que se hace a veces: "Para entrar en calor vamos a cantar un poco", o ese otro: "Para cambiar de posición vamos a cantar un himno"?

10/ ¿Merecen el canto congregacional y la apertura igual grado de preparación y planificación que los otros aspectos de la reunión (el orador y su mensaje)? ¿Por qué?

7
El que preside

**Dios ha querido que haya en la iglesia...
personas... que dirigen.**

1 Corintios 12:28 (V.P.)

**El que ocupa un puesto de responsabilidad,
desempeñe su cargo con todo cuidado.**

Romanos 12:8 (V.P.)

El último de los *ministerios* (1 Corintios 12:5) que queremos considerar es el que prestan aquellos que tienen la responsabilidad de dirigir los diversos aspectos del funcionamiento de la iglesia. Esto abarca no sólo a los pastores/ancianos sino a otros que tienen a su cargo la coordinación de distintos grupos dentro de la iglesia; por ejemplo, la Escuela Dominical, reunión de mujeres, coro horas felices, adolescentes, etc.

1/ Según Mateo 20:25-27. ¿cuál es un requisito básico para poder ejercer una función directiva dentro de la iglesia?

2/ ¿Con qué grupo de dirigentes establece un contraste el Señor y en qué aspectos específicos debemos imitar ese modelo?

3/ ¿Cuál es el modelo de liderazgo que nos ofrece el Señor y en qué aspectos específicos debemos imitar ese modelo?

4/ Analice su actuación como dirigente. ¿En qué medida se acerca al modelo que ofrece este pasaje? ¿Qué aspectos de su actuación debe cambiar?

1 Timoteo 3:1-7 y Tito 1:6-9 nos pintan un cuadro de las cualidades que debe reunir un hombre que aspira a un cargo directivo en la iglesia.

5/ Haga una lista de estas cualidades (ver el cuadro de las siguientes páginas), agrupándolas según se refieran a:
* condiciones externas, visibles, objetivas, fáciles dedeterminar;
* cualidades de carácter;
* aspectos de conducta personal.

6/ Al lado de cada una de estas cualidades, explique en sus propias palabras:
♦ ¿qué significa dicha cualidad? (Conviene consultar traducciones modernas)
♦ ¿Cuál es la cualidad o las cualidades opuestas (que no debe tener el que aspira a ser "obispo").

	Cualidad	Definición	Cualidad opuesta
2			
3			
4			
5			
6			
7			
8			
9			
10			
11			

12			
13			
14			
15			
16			
17			
18			
19			
20			
21			
22			

7/ Al repasar esta lista de cualidades, ¿cuáles son las que necesita desarrollar en su propia vida?

8/ ¿Qué aspecto fundamental del liderazgo se destaca en 1 Timoteo 4:12, Tito 2:7 y 1 Pedro 5:3? ¿Cómo se desarrolla esta cualidad?

9/ En 2 Timoteo 2:2, Pablo describe lo que debiera ser un objetivo fundamental de todo dirigente.

♦ ¿Cuál es ese objetivo?

♦ Según este versículo, ¿cómo se logra?

10/ ¿Qué esta haciendo usted personalmente para lograr este objetivo en el lugar donde sirve al Señor? (Ver 1 Corintios 11:1)

Cómo utilizar este cuaderno

Estos cuadernos son *guías de estudio*, es decir, su propósito es guiarle a usted para que haga su propio estudio del tema o libro de la Biblia que desarrolla este material.

El cuaderno propone un diálogo. En él introducimos el tema, sugerimos cómo proceder con la investigación, comentamos, pero también preguntamos. Los espacios después de las preguntas son para que usted anote su respuesta a ellas.

Esperamos que, por medio del diálogo, le ayudemos a forjar su propia comprensión del tema. No de segunda mano, como Cuando se escucha un sermón, sino como fruto de su propia lectura y investigación.

¿Cómo hacer el estudio?

1 - Antes de comenzar, ore. Pida ayuda a Dios que le hable y le dé comprensión durante su estudio.

2 - Se deben leer los pasajes bíblicos más de una vez y preguntarse: ¿Qué dice el autor? Aunque muchos utilizan la versión Reina-Valera de la Biblia, conviene tener otra versión o versiones disponibles para comparar los pasajes entre las dos. La "Versión popular" y la "Nueva versión internacional" le pueden ayudar a ver el pasaje con más claridad.

3 - Siga con la lectura de la lección. Responda lo mejor que pueda a las preguntas.

4 - Evite la tendencia de "apurarse para terminar". Es mejor avanzar lentamente, pensando, preguntando, aclarando.

En grupo

El estudio personal es de mucho valor pero se multiplican los beneficios si lo acompaña con el estudio en grupo. Un grupo de hasta 8 personas es lo ideal. Pero, puede ser que por diferentes motivos el grupo esté formado por usted y una persona más, aun así, es mejor que estudiar solo.

En realidad, estos cuadernos han sido diseñados con ese motivo: estimular el estudio en células, en grupos pequeños.

La manera de hacerlo es fácil:

1 - **Usted hace en forma personal una de las lecciones del cuaderno**. Aun cuando pueda haber cosas que no entienda bien, haga el mayor esfuerzo posible para completar la lección.

2 - **Luego se reune con su grupo**. En el grupo comparten entre todos las respuestas de cada pregunta. Puede ser que no tengan las mismas respuestas, pero comparando entre todos las van aclarando y corrigiendo.

Es durante este compartir semanal de una hora y media, este diálogo entre todos, donde se encuentra la verdadera riqueza y que nos provée esta forma de estudio.

3 - **Evite salirse del tema**. El tiempo es oro, y lo más importante es enfocar todo el esfuerzo del grupo en el tema de la lección. Luego, pueden dedicar tiempo para conocerse más y tener un rato social.

4 - **Participe**. Todos deben participar. La riqueza del trabajo engrupo es justamente eso.

5 - **Escuche**. Hay una tendencia de apurar nuestras propias opiniones sin permitir que el otro termine. Vamos a aprender de cada uno, aun de los que, según nuestra opinión, están equivocados.

6 - **No domine la discusión**. Puede ser que usted tenga todas las respuestas correctas, sin embargo es importante dar lugar a todos, y estimular a los tímidos a participar. No se trata de sobresalir, sino de compartir aprendiendo juntos.

Si en el grupo no hay una persona con experienca en coordinarlo, se puede encontrar ayuda para dirigir un grupo en:

1 - Nuestra página web, www.edicionescc.com. La sección "Capacitación" ofrece una explicación breve del método de estudio.

2 - En las últimas páginas de nuestro catálogo se ofrece también una orientación

3 - El cuaderno titulado "Células y otros grupos pequeños" es un curso de capacitación para los que desean aprender cómo coordinar un grupo.

4 - Hay algunas guías que disponen de un cuaderno de sugerencias para el coordinador del grupo.

Finalmente diremos que las guias no contienen respuestas a las preguntas ya que el cuaderno es exactamente eso, una guia, una ayuda para estimular su propio pensamiento, no un comentario ni un sermón. Le marcamos el camino, pero usted lo tiene que seguir.

Que el Señor lo acompañe en esta tarea y si necesita ayuda, comuníquese con nosotros. Estamos para servirle.

Se terminó de imprimir en
Talleres Gráficos de
Ediciones CC
Córdoba 419 - Villa Nueva, Pcia de Córdoba
Junio de 2014
IMPRESO EN ARGENTINA